AF206544

Minnesota

lieben lernen

*Der perfekte Reiseführer für einen unvergessli-
chen Aufenthalt in Minnesota inkl. Insider-Tipps
und Packliste*

Laura Steigelmann

✈ INHALT

Das erwartet Sie in diesem Buch

Die folgenden Seiten werden Sie in den schönsten Staat der USA eintauchen lassen: Minnesota. Oft unterschätzt oder als „zu kalt" abgestempelt, galt Minnesota nicht immer als perfektes Reiseziel, obwohl es viel zu bieten hat und mehr kann, als die meisten denken. Neben Metropolen wie den Twin Cities oder der Twin Ports Region rund um Duluth gibt es hier zahlreiche Parks, Wanderwege und Aktivitäten für die ganze Familie.

In diesem Ratgeber bekommen Sie die

wichtigsten Informationen bezüglich kultureller Eigenheiten, Regeln, die zu beachten sind, oder Feiertagen, die das Land ausmachen. Es werden Ihnen außerdem die sehenswertesten Orte nähergebracht, zahlreiche Vorschläge für Unternehmungen am Tag und am Abend geboten sowie Insidertipps, die sonst nur den Einheimischen bekannt sind, vorgestellt. In Minnesota gibt es das ganze Jahr über eine Vielzahl an Erlebnissen, die Ihre Reise zu einer unvergesslichen Zeit machen werden.

Ganz egal, ob Sie vorher schon von Minnesota als Touristenziel wussten, nach dem Lesen werden Sie hier sicherlich Ihren nächsten Urlaub verbringen wollen. Durch die bunte Mischung urbaner und naturbelassener Plätze wird hier wirklich jedes Reiseherz zufriedengestellt. Lassen Sie sich verzaubern von Minnesotas außergewöhnlichen Winterlandschaften und traumhaften Sommerszenarien.

Das Land der 10.000 Seen

Minnesota ist nach Alaska der nördlichste Staat der Vereinigten Staaten. Er ist bekannt für seine eisig kalten Temperaturen im Winter, die gerne auch in tiefere Minusgrade reichen, und seine hohe Anzahl an großen und kleinen Seen, die von szenischen Landschaften umgeben sind. Diese findet man über 11.000 Mal im ganzen Staat verteilt, woher liebevoll der Name „Land der zehntausend Seen" entstand. Auch die Herkunft des Namens „Minnesota" spielt auf die glänzenden Seen an. Dies stammt aus der Sprache der Dakota Sioux und bedeutet übersetzt „Mit Himmel gefärbtes Wasser".

Sie treffen in Minnesota auf eine große Bandbreite verschiedenster Kulturen, welche alle ihren Teil zu nationalen Festen beitragen. Neben den bekannten „4th of July" Feuerwerken können Sie hier zu jeder Jahreszeit an nationalen Zelebrationen und Unterhaltungen teilnehmen. Der kulturelle Schwerpunkt befindet sich südlich in den Twin Cities, bestehend aus der Hauptstadt St. Paul und Minneapolis. Allerdings gibt es auch im Norden einige, manchmal mehr und manchmal weniger, bekannte Hot Spots, darunter beispielsweise Duluth und der Lake Superior.

Insgesamt gibt es rund 57 Wälder in Minnesota, 66 Staatsparks, einen Nationalpark sowie zahlreiche Naturschutzgebiete. Die meisten davon sind für die Öffentlichkeit frei zugänglich und bieten einzigartige Szenerien zu den verschiedenen Jahreszeiten.

Praktische Hinweise

HÖFLICHKEIT

Wer schon einmal in den USA war, der weiß um die oberflächliche Freundlichkeit der Menschen dort. Trifft man auf einen Amerikaner, wird grundsätzlich Smalltalk erwartet, ganz egal, ob an der Kasse im Supermarkt, bei der Bestellung im Restaurant oder einfach bei einer kurzen Begegnung auf der Straße. Touristen werden meist schnell erkannt und nach ihrer Herkunft und dem Grund ihres Aufenthaltes gefragt, scheuen Sie sich nicht, auch Rückfragen zu stellen. Obwohl es im Englischen nicht wie im Deutschen eine offizielle Höflichkeitsform in der Anrede gibt, wird doch stark differenziert, wie man unter Bekannten und Freunden oder mit Fremden und Angestellten redet. Fragen Sie jemanden um Rat oder wollen Sie beispielsweise die Aufmerksamkeit des Kellners, sollten Sie diesen unbedingt mit „*Excuse me?*" (dt.: „Entschuldigen Sie mich.") ansprechen und sich immer höflich bedanken. Wer extra Punkte in Sachen Freundlichkeit sammeln möchte, hängt zum Schluss noch „*It was very nice to meet you*" (dt.: „Es hat mich gefreut, Sie kennenzulernen.") oder „*Have a good day*" (dt.: „Haben Sie noch einen schönen Tag.") ans Ende der Verabschiedung.

AUSGEHEN

Gehen Sie in Restaurants essen, gibt es ebenfalls einige Besonderheiten zu beachten. Wie oben beschrieben, führt der Kellner oder die Kellnerin meist bei der Begrüßung eine Runde Smalltalk mit Ihnen. Scheuen Sie nicht zurück und bleiben Sie höflich.

In den meisten Lokalen bekommen Sie ein Wasser kostenlos bereitgestellt, dieses können Sie einfach so annehmen, es abzulehnen, gilt als unhöflich.

In manchen Restaurants werden Ihre Getränke, sobald sie leer sind, schnell für Sie nachgefüllt. Möchten Sie jedoch ein anderes Getränk, können Sie den Kellnern einfach Bescheid geben.

In den Vereinigten Staaten verdient die Bedienung nur einen sehr geringen Dollarbetrag pro Stunde. Deshalb ist es für Gäste üblich, beim Bezahlen der Rechnung ungefähr 15 – 20% als Tip, also Trinkgeld, zu hinterlassen. Ist man besonders zufrieden oder erhält man eine extra Serviceleistung, wie das automatische Nachfüllen der Getränke, können auch 25% angebracht sein.

SPRACHE

Wie in jedem Land gibt es auch in den USA variierende Dialekte je nach Region. In Minnesota sprechen sie, verglichen mit südlicheren Staaten wie Texas oder Florida, relativ nahe an dem Englisch, das auch in der Schule gelehrt wird. Trotzdem gibt es einige Wörter und Phrasen, die Sie ausschließlich hier zu hören bekommen.

Hören Sie einen Einwohner von Minnesota „Uffda" sagen, kann dies eine Menge verschiedener

Bedeutungen haben. Die Person könnte gerade etwas Überraschendes erfahren haben oder aber sie hat etwas Unangenehmes gerochen. Vielleicht hat sie aber auch nur so viel gegessen, dass sie sich auf den Bauch klopft und nur noch ein stöhnendes „*Uffda*" herausbringt. Der Schlüssel ist hier, auf Kontext und Unterton zu achten.

Falls Sie sich während Ihres Trips bei einem der berühmten Minnesota Vikings Football Spielen wiederfinden, machen Sie sich bereit, mit der Menge laut „Skol!" mitzurufen und mitzusingen. Das Wort stammt aus dem Norwegischen und bedeutet eigentlich übersetzt so etwas wie „Prost".

Unterhalten Sie sich mit jemandem und diese Person antwortet mit einem enthusiastischen „You betcha!" können Sie erleichtert sein, denn diese Phrase bedeutet deren Zustimmung und Einverständnis.

„Oh for Pete's sake" hingegen wird als Ausdruck der Verzweiflung oder Ärgernis verwendet. Den Ausdruck gibt es in verschiedenen Variationen, beispielsweise kann es dann auch „For god's sake" heißen, also „Um Gottes willen".

Möchten Sie ihm Restaurant eine Cola oder

einen ähnlichen Softdrink bestellen, kommen Sie mit „Soda" nicht sehr weit. In Minnesota werden kohlensäurehaltige Getränke verschiedenster Geschmacksrichtungen als „Pop" bestellt, danach können Sie genauer klarstellen, was genau Sie gerne trinken möchten.

ESSEN UND GETRÄNKE

Neben typisch amerikanischen Speisen wie Burger, Pommes und allgemein allem, was fettig und frittiert zubereitet wird, gibt es in Minnesota trotzdem einige eigene Delikatessen, die zwar nicht immer besonders, dafür aber landestypisch sind und äußerst beliebt auf Speisekarten vorkommen.

Der „**Walleye**" (dt.: Glasaugenbarsch) ist Minnesotas „*State fish*" und kann in vielen Süßwasserseen gefischt werden. Bei der Zubereitung gibt es viele verschiedene Möglichkeiten. Er kann zum Beispiel gebuttert, frittiert oder geräuchert werden, ebenso wie auf Sandwiches gelegt oder landestypisch „*on sticks*", also auf einem Holzspieß, gegessen werden. Auf Speisekarten in Restaurants werden Sie zahlreiche Fischarten finden können, die alle ihren ganz eigenen Geschmack mitbringen.

Aufläufe haben in den gesamten Staaten eine große Beliebtheit gefunden. Meistens findet man diese auf Speisekarten unter „Casserole". Anders jedoch in Minnesota, hier sind Aufläufe typischerweise als „Hotdish" bekannt und besonders gerne wird der sogenannte **„Tater tot hotdish"** gegessen. Dieser kann unterschiedlich zubereitet werden, das entscheidende Merkmal sind hierbei die „Tater tots", also die Kroketten. Diese werden einfach oben auf dem Gericht platziert und bieten eine angenehme Abwechslung zu regulären Aufläufen.

Norwegische Einflüsse kommen im Norden des Landes nicht selten vor. So werden auch **Lefse**, eine Art Tortilla, gerne unter Einheimischen gegessen, am liebsten, wenn es von der Großmutter zubereitet wurde. Als Beilage dazu gibt es endlose Möglichkeiten. Der Klassiker ist jedoch einfach nur Butter oder Butter mit Zucker.

Brownies, alleine aus Schokolade, reichen in Minnesota noch nicht ganz für das perfekte Dessert aus. Gerne wird unter den Teig alles Mögliche gemischt, was nach dem Backen ein dichtes, leckeres Gebäck ergibt. Das kann alles von Keks- bis

Kuchenteig sein, solange es schmeckt. Das Endprodukt wird dann „**Bars**" genannt.

Die Einwohner Minnesotas sind sehr stolz auf ihr Bier. Es finden sich überall unzählige Brauereien, die alle verschiedene Biersorten produzieren und diese national, manche davon sogar international, vermarkten. Die Größe der Brauerei kann von einem kleinen, lokalen Einzelhandel bis hin zum internationalen Großkonzern variieren, dabei spielt dies keine Rolle für die Qualität. Eines der beliebtesten Biere unter Bierkennern ist von Bent Paddle Barrel das „Aged Double Shot Double Black". Es stammt aus einer Brauerei in Duluth und wird angehimmelt für seine Mischung aus Karamell und Whiskey-Aromen mit einer Note von Vanille.

Starbucks ist den meisten bekannt als internationales Schnellcafé. Kommen Sie jedoch nach Minnesota, treffen Sie auf unzählige Filialen der Kette **Caribou Coffee**. Das in Minnesota gegründete Kaffeehaus bietet alles von unzähligen Kaffeevariationen über Tee und Erfrischungsgetränken bis hin zu Frühstücks- und Dessertwaren.

Nicht entgehen lassen dürfen Sie sich **Sweet Martha's Cookies Jar**. Allein mittels

Mundpropaganda hat sich Martha Rossini Olsen, alias Sweet Martha, über die letzten 30 Jahre ihr Unternehmen aufgebaut. Den größten Erfolg mit ihren ofenfrischen Schokochip Cookies feiert sie jedes Jahr auf der Minnesota State Fair, bei dem die Kunden regelrecht Schlange stehen, um einen ihrer Becher mit Keksen zu ergattern. Mittlerweile gibt es ihre berühmten Kekse in verschiedenen Geschmacksrichtungen, beispielsweise mit Erdnussbutterteig oder mit Macadamia-Nüssen, in lokalen Supermärkten zu kaufen.

EINKAUFEN

Einkaufen in den Vereinigten Staaten kann schon einmal unerwarteterweise ein ganz besonderes Ereignis werden. Die Läden sind nicht selten größer, als Europäer es gewöhnt sind, und das Einkaufsgefühl ist ein anderes.

Bekannte Supermärkte, die Sie auf jeden Fall wenigstens einmal besucht haben sollten auf Ihrer Reise, sind **Target** und **Walmart**. Die beiden Discounter-Einzelhändler stellen die größten Märkte des Landes dar und bieten eine Mischung aus

Lebensmitteln, Kleidung, Alltagsgegenständen, Kosmetik und Arznei an. Der Sitz der Target Corporation liegt sogar in Minneapolis.

Ebenfalls sehenswert ist die Großhandelskette der Costco Wholesales Corporation. Einkaufen ist hier leider nur mittels einer Mitgliedschaft mit Jahresbeitrag möglich, jedoch bekommen Sie dafür außergewöhnliche Angebote von Lebensmitteln über Kosmetik bis hin zu Elektronik geboten. In diesen Mega Stores fühlen Sie sich wie im Paradies eines Riesen. Alles ist in Maximalgröße, die Regale ragen meterhoch an die Decke, Milchkartons sind bis zu 3 Liter groß und einzigartige Deals werden Ihnen geboten.

ALKOHOL

Möchten Sie sich selbst Alkohol besorgen, sollten Sie sich auf jeden Fall vorher über örtliche Gesetze und Verbote erkundigen. Bier und Wein kann man oft im normalen Supermarkt kaufen, allerdings wird dies teilweise nur zu bestimmten Zeiten gestattet. So kann es zum Beispiel sein, dass der Laden generell geöffnet hat, die Sektion mit dem Alkohol jedoch noch geschlossen ist.

Hochprozentiges wird meistens nur in sogenannten Liquor Stores verkauft. Auch hier können
die Öffnungszeiten stark eingeschränkt sein.

Es wird empfohlen, den Alkohol danach nur im
Kofferraum des Autos zu transportieren, damit für
die Polizei kein Verdacht auf Alkohol am Steuer ent-
steht. Verstöße gegen das Gesetz gegen Alkohol am
Steuer werden landesweit sehr hoch bestraft und
sollten auf jeden Fall beachtet werden.

In der Öffentlichkeit sollte der Alkohol in den
meist braunen Papiertüten gelassen werden, damit
man nicht sieht, dass man Alkohol bei sich trägt und
um Ärgernisse zu vermeiden.

Generell gilt für den Konsum von alkoholischen
Getränken in den gesamten Vereinigten Staaten ein
Mindestalter von 21 Jahren. Dabei spielt die Prozent-
zahl, anders als in vielen europäischen Ländern,
keine Rolle.

Die Ankunft

DIE ANREISE

Für Ihren Urlaub in Minnesota lohnt es sich, mit dem Flugzeug über den Minneapolis-St. Paul International Airport anzureisen. Insgesamt nutzen 17 größere und kleinere Fluggesellschaften den internationalen Flughafen, Hauptmarktanteil bezieht dabei Delta Airlines. Er ist außerdem Heimatflughafen der Billigfluggesellschaft Sun Country Airlines.

Von hier aus kommt man per Direktflug zu ungefähr 136 nationalen und ca. 27 internationalen Zielen, wobei Frankfurt am Main der einzige Flughafen für den deutschsprachigen Raum ist. Beachtet werden muss zudem jedoch, dass dieser nur saisonal durch die Linie Condor angeflogen wird. Das bedeutet folglich, dass man, solange man sich nicht schon im Land befindet, wahrscheinlich mindestens einmal umsteigen muss. Hierfür bieten sich besonders die Flughäfen in Washington, Chicago oder auch in Denver an.

Der Flughafen selbst ist überaus unkompliziert gestaltet, es gibt nur zwei Terminals, wobei der größte Anteil an Flügen im ersten startet bzw. landet. Nach der Ankunft befindet man sich ca. 11 Kilometer südlich des Stadtzentrums der Metropole Minneapolis, welche man problemlos mit öffentlichen Verkehrsmitteln erreichen kann.

AUTOVERMIETUNG

Wer bei seiner Reise nicht auf öffentliche Verkehrsmittel angewiesen sein möchte, der hat die Möglichkeit, entweder vorher im Internet oder spontan vor Ort einen Mietwagen zu bekommen. Wer dies schon vor seiner Abreise erledigt, hat natürlich den Vorteil einer detaillierteren Preisübersicht und kann dies problemlos auf deutschsprachigen Seiten von Vermietungen wie Sixt, Booking.com oder Rental Cars

tun. Wer sich erst am Flughafen selbst hierfür ent-
scheidet, muss natürlich mit vergleichsweise etwas
längeren Wartezeiten rechnen, kann aber auch hier
auf gute und günstige Angebote zählen.

NAHVERKEHR

Vergleichbar zu den Straßenbahnsystemen im europäischen Raum gibt es hier auch ein Light rail Sys-
tem, ähnlich der Straßenbahn, welche teilweise auf
Straßen oder auf einem eigenen Gleisbett verkehrt.
Rund um die Twin Cities deckt die Gesellschaft
Metro Transit die öffentlichen Mittel ab, Vororte hingegen haben teilweise eigene Verkehrsgesellschaf-
ten gegründet.

Der internationale Flughafen wird durch Busse
und eine Stadtbahn in den öffentlichen Personen-
nahverkehr eingebunden. Man erreicht St. Paul in
regelmäßigen Abständen über die Buslinie 54, Minneapolis hingegen ist über die Metro Linie Blue Line
mit dem Flughafen angebunden. Diese fährt Sie übrigens auch zur weltweit bekannten Mall of America,
über die in diesem Ratgeber später noch genauer be-
richtet wird.

Über die Grüne Linie wird eine Verbindung der Städte Minneapolis - St. Paul geschaffen, außerdem können Interessierte hiermit auch die University of Minnesota besuchen.

Möchte man über die Metropolregionen hinaus, fährt einen die Northstar Line in kleinere Vororte nördlich bzw. nordöstlich der Twin Cities und entlang des Mississippi River.

Insgesamt betreibt Metro Transit dazu 127 Buslinien rund um die Hauptstädte und deren Vororte. Somit ist es auch ohne eigenes Fahrzeug möglich, sich ausreichend in der ganzen Umgebung umzuschauen.

FERNVERKEHR

Neben der Anreise via Flugzeug gibt es auch die Möglichkeit, per Fernzug oder Bus in die Twin Cities zu fahren. Einmal pro Tag fährt der sogenannte Amtrak Fernzug Empire Builder von beiden Richtungen aus nach Saint Paul und hält dort am Union Depot. Die Strecke verläuft von Chicago über Saint Paul und Spokane und endet schließlich in Portland/Seattle. Andere kleinere Zwischenstopps in Minnesota beinhalten unter anderem Winona, Red Wing oder auch Saint Cloud.

Fernbusse werden in den Twin Cities zum größten Teil von dem Unternehmen Greyhound bedient. Die Stationen befinden sich für St. Paul ebenfalls am Union Depot, in Minneapolis befindet sich die Station auf der 950 Hawthorne Avenue (Ecke North 10th Street). Manche Fernbusse halten auch direkt im Campus der University of Minnesota, die Adresse hierfür ist 2428 Delaware Street SE (Ecke Southeast Huron Boulevard).

Mehrmals täglich gibt es Verbindungen nach Duluth (2 - 3,5 Std.), Fargo (4,5 - 6 Std.), Sioux Falls (knapp 4,5 Std.), Des Moines (4,5 - 5,5 Std.), Madison (5 - 6 Std.), Milwaukee (5,5 - 7,5 Std.), Chicago (7,5 - 10 Std.) und Kansas City (8,5 - 10 Std.).

UNTERKUNFT

Die richtige Unterkunft für einen möglichst angenehmen Urlaub zu finden, kann sich für eine fremde Stadt schon einmal anspruchsvoll gestalten. Um Ihnen dies ein wenig zu erleichtern, bekommen Sie hier jeweils drei Tipps für die größten Metropolen des Staates und natürlich mit besten Bewertungen.

Twin Cities
1. Millenium

Nur sieben Minuten mit dem Auto vom Flughafen entfernt liegt das Millenium Minneapolis Hotel. Für Reisende, die gerne zu Fuß ihre Umgebung erkunden, ist diese Unterkunft perfekt geeignet, da viele Sehenswürdigkeiten der Stadt unmittelbar in der Nähe liegen. Der Foshay Tower oder die Basilica of St. Mary sind jeweils nur eine halbe Meile, also nicht mal einen Kilometer, entfernt und auch zum Minnesota Orchestra läuft man nur knappe vier Minuten.

Zum Essen gehen bietet die Umgebung insgesamt 38 verschiedene Restaurants und Bars, alle innerhalb eines halben Kilometers. Unter Einheimischen sind Orte wie der Betty Danger's Country Club, MAYA

Cuisine und Baya besonders beliebt.

2.   AC Hotel

Direkt in der Innenstadt von Minneapolis bietet das AC Hotel die ideale und moderne Unterkunft für Touristen. Sehenswürdigkeiten wie der Grand Rounds Scenic Byway oder das Target Center befinden sich nur einen Katzensprung entfernt und können zu Fuß erreicht werden.

Zum Dinieren gibt es fast 180 verschiedene Möglichkeiten in unmittelbarer Nähe bzw. im Hotel selbst. Wer auch gerne im Hotel an Aktivitäten teilnimmt, kann sich über ein Fitnessstudio, Kinderunterhaltung und sogar einen hoteleigenen Golfplatz freuen.

3.   Loews Hotel

Das gegenüber vom Target Center und 22 Stockwerke hohe Loews Hotel befindet sich ebenfalls im Zentrum von Minneapolis. Hier machen Sie Urlaub genau dort, wo Business, Theater und Entertainment aufeinandertreffen und haben die Möglichkeit, viele verschiedene Einblicke in die Stadt zu gewinnen.

Neben zahlreichen Attraktionen wie dem Orpheum

Theater und dem Foshay Tower finden sich auch viele Restaurants und Bars in der Umgebung. Nehmen Sie sich Zeit und erkunden Sie die Straßen der Innenstadt und genießen Sie die Köstlichkeiten, die die Stadt zu bieten hat.

Duluth

1. The Inn on Lake Superior

Dieses Hotel bietet Ihnen mehr als nur eine Unterkunft und ein warmes Bett für die Nacht. Sie erhalten hier zudem eine exzeptionelle Duluth Erfahrung mit Hausdach-Pools, die ganzjährig zugänglich sind und nächtliche Lagerfeuer am Lake Superior, bei denen Sie die unter Amerikanern allseits beliebten S'Mores, eine Mischung aus Keks, Schokolade und Marshmallow, zubereiten können. Sie befinden sich ganz in der Nähe von Attraktionen wie dem Canal Park und der Aerial Lift Bridge.

Auch in der Umgebung finden Sie eine Menge an hervorragenden Restaurants, Bars und Cafés. Für Gäste gibt es zudem ein im Preis integriertes Frühstück im Hotel, wo Ihnen Schmackhaftes zur Verfügung gestellt wird.

2.   Park Point Marina Inn

Direkt am Hafen, und nur zwölf Kilometer vom Skigebiet entfernt, finden Sie das Park Point Marina Inn. Hier haben Sie von jedem Punkt aus eine Panorama-Aussicht auf die Schiffe und Boote und sind dabei gerade einmal einen Kilometer von Boutiquen, Restaurants und Wanderwegen entfernt.

Sie erhalten jeden Morgen ein frisches Frühstücksbuffet, ebenso gibt es Plätze für Lagerfeuer, Picknicks sowie Outdoor-Spielgeräte für Kinder.

3.   Canal Park Lodge

Genießen Sie im Canal Park Lodge zu günstigen Preisen einen außergewöhnlichen Blick auf den Lake Superior oder verweilen Sie auf der Veranda direkt am Strand. Wer den Strand nicht mag, hat Zugang zu einem In- sowie einem Outdoor-Pool zur Entspannung. Zudem befinden sich in unmittelbarer Nähe die Aerial Lift Bridge, der Canal Park und maritime Museen.

Cafés, Bars und Restaurants gibt es zur Genüge in der Umgebung oder Sie probieren ein typisch amerikanisches Frühstück im Hotel aus.

Rochester

1. Staybridge Suites

Geräumige Suiten mit eigener Küche bieten Ihnen bei Staybridge Suites den perfekten Aufenthalt mit Gefühl wie zu Hause. Ein 24 Stunden geöffnetes Fitnesscenter, ein Indoor-Pool sowie ein Whirlpool und ein Frühstücksbuffet sind nur einige der zahlreichen Hotelangebote. Zudem gibt es soziale Aktivitäten am Abend, bei denen Sie die Möglichkeit haben, andere Gäste aus der ganzen Welt kennenzulernen.

Ganz in der Nähe der Unterkunft finden Sie die weltbekannte Mayo Clinic, Gedenkstätten aus Kriegszeiten, Museen sowie zahlreiche Restaurants.

2. Kahler Inn & Suites

Zentral und nur eine kurze Strecke vom Stadtzentrum Rochester entfernt liegt Kahler Inn's & Suites. Das familienfreundliche Hotel nimmt keine Kosten für Kinder und bietet diesen sogar einen Game-Room mit Zugang zu unterschiedlichen Spielen und Spielekonsolen. Im Fall, dass Sie eine Unterkunft suchen, um schnellstmöglich zum Krankenhaus zu gelangen, ist diese genau richtig, da Ihnen ein extra Shuttle Service zum St. Mary's Hospital geboten wird und es von der Mayo Clinic nur einige Minuten zu Fuß entfernt liegt.

Restaurants und Bars finden Sie zur Genüge rund ums Inn, darunter typisch amerikanische Speisen, aber auch internationale Köstlichkeiten, die Sie sich nicht entgehen lassen sollten.

3. Fairfield Inn & Suites

Wer sich für die Geschichte hinter der Mayo Clinic interessiert, ist im Fairfield Inn & Suites genau richtig. Abgesehen davon, dass es sich direkt an dieser befindet und Shuttle Services dorthin und zum St. Mary's Hospital angeboten werden, liegt ebenso „The Plummer Building - Mayo Clinic Historical Suite" ganz in der Nähe. Touristen berichten von dessen außergewöhnlicher Architektur und nennen es ein „Must-see" in Rochester.

Mit ausgezeichneten Bewertungen lässt das Fairfield an nichts zu wünschen übrig, seien es Pools, Fitnesscenter, Zugang zu Restaurants und Bars oder Hotel Services, Besucher berichten von einem mehr als angenehmen Aufenthalt in einem wunderschönen Hotel.

Kultur

Minneapolis stellt das kulturelle Zentrum Minnesotas dar und hat in diesem Bereich einiges zu bieten. Musicals, Museen, Opern und Sportevents finden regelmäßig statt und laden nationale sowie internationale Interessenten in ihre Hallen. Hier erhalten Sie ein paar beliebte Tipps, wie Sie Ihre Nachmittage und Abende verbringen können.

MUSEEN

1. Minneapolis Institute of Art

Auf einer Fläche von 32.000 Quadratmetern und mit mehr als 8.000 Objekten aus über 5.000 Jahren Weltgeschichte stellt das Minneapolis Institute of Art eines der bedeutendsten Kunstmuseen der Umgebung dar. Seit knapp 150 Jahren können sich Besucher verschiedene Arten von Malereien, Fotografien und Architektur anschauen. Zudem stammen viele Ausstellungsobjekte nicht nur aus amerikanischen oder europäischen Regionen, sondern auch afrikanische und insbesondere asiatische Kunst kann hier bewundert werden.

Das Museum befindet sich in Minneapolis und ist lediglich montags und an Feiertagen geschlossen. Generell wird kein Eintritt verlangt, außer es finden besondere Exhibitionen oder Events statt. Diese variieren in ihrer Thematik und handeln nicht selten von internationalen Events wie Kriegen oder religiösen Festen und sind definitiv einen Besuch wert. Tickets bekommt man hierfür ganz einfach online.

2. Mill City Museum

Das Mill City Museum (dt.: „Mühlenstadt Museum") eröffnete im Jahr 2003 und lädt seither zur Erkundung der Entstehung von Minneapolis ein. Hauptattraktion stellt dabei das Mahlen von Mehl dar. In verschiedenen Exhibitionen von der Geschichte der Stadt über Maschinerien zur Vermahlung von Mehl bis hin zu Wasser- und Backstuben werden Besucher in den Bann genommen und dürfen auch öfter selbst mit anpacken.

Das Museum ist täglich geöffnet und für Kinder bis 4 Jahre kostenlos. Von 5 bis 17 Jahren kostet der Eintritt $6, Erwachsene bezahlen $10 und Senioren und Studierende ebenfalls jeweils $10.

3. The Bakken Museum

Das ebenfalls in Minneapolis gelegene Bakken Museum fixiert sich rundum auf Elektrizität und dazugehörig seine Innovationen und Entdeckungen. Es ist das weltweit einzige Museum inklusive Bibliothek, welche sich medizinischer Elektrizität widmet und soll vor allem die jüngere Generation ansprechen und auf die Faszination der Wissenschaft aufmerksam machen.

6 Tage die Woche ist das Museum zugänglich und kostet für Kinder von 4 bis 12 Jahren rund $5. Senioren und Jugendliche bis 24 Jahre bezahlen für den Eintritt $8 und Erwachsene bloß $10.

MUSIK

1. Minnesota Orchestra

Die Orchestra Hall, einer von Minneapolis kulturellen und architekturellen Markenzeichen, ist seit 1974 das Zuhause des Minnesota Orchestra und hat seither schon über 10 Millionen Zuhörer in seine Hallen gelockt. Mit seinem außergewöhnlichen Bau, nämlich über hundert quadratischen Blocks, die von der Decke hängen, wird eine besondere Tonqualität für jeden Zuschauer während des Konzerts sichergestellt. Zudem entstehen durch den Holzboden im Zuschauerraum sowie auf der Bühne eine vibrierende Reflexion des Tons, wie sie es nirgendwo sonst zu erleben gibt.

Das Minnesota Orchestra und das Minnesota Youth Orchestra treten regelmäßig in der Orchestra Hall auf. Mit einer Mischung aus klassischen Symphonien und instrumentalen Interpretationen moderner

Lieder wird den Besuchern ein außergewöhnliches Klangerlebnis geboten, das so schnell nicht vergessen wird.

2. Minnesota Opera

Die Minnesota Opera bringt seit 1963 Künstler, Zuschauer und die Gemeinschaft zusammen. Es ist insbesondere bekannt für seine Uraufführungen von „Where the Wild Things Are" und „Frankenstein". Die Produzenten legen bei jedem Stück einen großen Wert auf Fairness, Inklusion und Vielfalt, insbesondere bei der Repräsentation der Künstler.

Mittlerweile hat sich die Minnesota Opera zu einer der renommiertesten Opern des Landes entwickelt. Mit erstklassiger Kunstfertigkeit und innovativen Produktionen befindet sie sich direkt im Stadtzentrum von Minneapolis.

Es finden ganzjährig Vorführungen von verschiedenen Produktionen statt. Es ist sinnvoll, Tickets vorab auf der Seite der Operngesellschaft zu besorgen. Einen Dresscode gibt es übrigens nicht, auch wenn einige dies vielleicht denken. Obwohl viele einen Abend in der Oper als eine Möglichkeit sehen, sich groß herauszuputzen, ist dies laut Veranstalter keine Pflicht, legere Kleidung wie Jeans wird ebenso akzeptiert.

3. Konzerte

Viele national und international bekannte Künstler bewegt es immer wieder in die Twin Cities, um auch dort vor großem Publikum zu performen. Dabei spielt das Musikgenre keine Rolle, denn Minneapolis bietet vielfältige Auftritte für jedermann in seinen Konzerthallen. Möchten Sie auf Ihrer Reise Ihnen bekannte Künstler sehen oder vielleicht sogar Ihren Horizont erweitern und Auftritte von Sängern und Musikgruppen ansehen, die Sie vorher noch nicht kannten, sollten Sie sich unbedingt vor Ihrer Reise online erkundigen. Meistens bietet die Internetseite Eventim ein vielversprechendes Angebot, das Sie nach Auftritten in bestimmten Regionen suchen lässt.

Die Chance, dass Sie dabei auch die Möglichkeit bekommen, bekannte Stadien und Konzerthallen wie das Target Center oder das Orpheum Theatre zu besuchen, ist nicht gering, da diese für große Events sehr beliebte Veranstaltungsorte darstellen.

MUSICALS

Mit über 440 Theatern in ganz Minnesota können Aufführungen überall bewundert werden. Zwei besonders große und bekannte Theater befinden sich in Minneapolis, welche das Pantages Theater und das Orpheum Theater sind. Für Letzteres finden Sie hier drei Tipps für musikalische Aufführungen, die Sie sich nicht entgehen lassen dürfen.

1.   My Fair Lady

Nach unzähligen Tony Award Nominierungen befindet sich das Broadway Musical „My Fair Lady" nun auf Tour in Nordamerika. Mit Hits wie „Wouldn't It Be Loverly?" und „Get Me to the Church on Time" singen sich die Darsteller rund um Eliza Doolittle in die Herzen aller, außer vielleicht Henry Higgins.
Im Orpheum Theater wird das Stück im März 2020 aufgeführt. Die Preise starten bei $50.

2.   Hamilton

Mit 11 Tony Awards wurde „Hamilton" bereits ausgezeichnet und bezaubert bei jeder Aufführung die Zuschauer. Von der Lebensgeschichte des Gründervaters Alexander Hamilton erzählend wird eine großartige Show geboten, die von fatalen Duellen und Sexskandalen von der Entstehung der heutigen Vereinigten Staaten erzählt.

2021 können sich Interessenten auch auf Vorführungen im Orpheum Theater freuen.

3. Frozen

Wer Kinder hat oder selbst Disney Fan ist, kommt an der Eisprinzessin nicht vorbei. 2013 verzauberte das Musical, mit der liebevollen Geschichte um zwei Schwestern, Groß und Klein in den Kinos und jetzt auch in den Theatern.

Lassen Sie sich überzeugen von wunderschönen und einzigartigen Bühnenkonstruktionen und besuchen Sie das Stück in Minneapolis im Mai 2020.

SPORT

1. Minnesota Vikings

Minnesota kann in allen großen Sportarten mit Profiteams glänzen. Natürlich ist American Football die erste Sportart, die in den Kopf springt, wenn man an die Vereinigten Staaten denkt. In der National Football League (dt.: Nationale Football Liga") spielen für Minnesota die Vikings aus Minneapolis. Seit 2016 haben diese ihr eigenes Stadium, das U.S. Bank Stadium, und tragen dort auch ihre Heimspiele aus.

2. Minnesota Wild

Minnesota, oder auch State of Hockey genannt, blüht während der Eishockey Saison auf. Neben dem nationalen Team, den Minnesota Wild aus Saint Paul, werden Stadien auch gerne für College Liga Spiele oder sogar High School Wettkämpfe gefüllt. Das größte Stadion ist hier das Excel-Energy-Center, welches seit 2000 als Stadion der Nationalmannschaft fungiert.

3. Minnesota Lynx

Im Basketball ist die Frauenmannschaft der Minnesota Lynx außerordentlich erfolgreich. Vier Titel konnte das Team bislang für sich gewinnen und ist somit die national erfolgreichste Mannschaft in der Women's National Basketball Association. Heimspiele finden in der Target Arena in Minneapolis statt.

Metropolen

TWIN CITIES

Die Twin Cities (dt.: „Zwillingsstädte") setzen sich zusammen aus Minnesotas Hauptstadt Saint Paul und Minneapolis, der größten Stadt des Staates. Zusammen bewohnen knapp 3,6 Millionen Menschen die Metropolregion, zu der neben Bloomington auch weitere Vororte zählen.

Als kulturelles Zentrum bietet vor allem Minneapolis ein weitreichendes Angebot an musikalischen und theatralischen Darbietungen, Museen, Opern und Festivals und beherbergt zudem zahlreiche sportliche Veranstaltungen der örtlichen Universitätssportteams sowie professioneller Ligen.

Minneapolis hat eine wahre Landschaft an Wolkenkratzern zu bieten. Viele von diesen werden per Skyways, also Luftbrücken, miteinander verbunden und bieten von dort einen prachtvollen Ausblick über die Stadt. Der **Foshay Tower**, der nebenbei auch als Hotel dient, bietet ebenfalls einen optimalen Standpunkt, um die Stadt von oben zu überblicken. Mit seinem frisch renovierten Observationsblick hat man von dort die perfekte 360° Aussicht rund ums Zentrum. Für nur $10, welche man in der Lobby bezahlt, erhält man den Zutritt nach oben. Dort befindet sich zudem ein kleines Museum, welches von der Entstehung des Turms sowie seines Erbauers Wilbur Foshay erzählt.

St. Paul ist vor allem im kulturellen Bereich bedeutend, man bekommt hier verschiedene historische Attraktionen geboten. Eine davon ist das **Minnesota State Capitol**, der Sitz des Repräsentantenhauses und des Senats Minnesotas. Eine vergoldete Quadriga, bestehend aus vier Pferden, die von zwei Frauen und einem Mann gezügelt werden, ragt prachtvoll über dem Südeingang und dient der Repräsentation der modernen Zivilisation.

Ebenfalls in St. Paul befindet sich die ehemalige

militärische Festung **Fort Snelling**, auch Fort St. Anthony genannt. Zu finden ist sie an der Mündung des Mississippi River und bildet heute den Standpunkt eines Museumsdorfs mit teils wiederaufgebauten Gebäuden und Anlagen. Zudem liegen auf dem dazugehörigen Nationalfriedhof, dem Fort Snelling National Cemetery, ungefähr 16.000 Menschen begraben.

Die Cathedral of St. Paul, die auch gerne National Shrine of the Apostle Paul genannt wird, befindet sich auf dem Summit Hill in St. Paul. Die Bischofskirche wurde im frühen 19. Jahrhundert erbaut und gilt seit 2009 als Nationalheiligtum.

DULUTH

Duluth ist die viertgrößte Stadt Minnesotas und bildet zusammen mit der angrenzenden Stadt Superior, welche sich im Staat Wisconsin befindet, die nordöstliche Metropolregion der Twin Ports. Dazu teilen sich die Städte einen gemeinsamen Hafen, der über einen Seeweg an den Atlantik anschließt. Dieser wuchs im 20. Jahrhundert zu einem der bedeutendsten Häfen der Vereinigten Staaten heran.

Früher galt die Stadt mit seiner ausgeprägten industriellen Produktion als wirtschaftlicher Stützpunkt und auch heute ist sie Haupttransportort für die Verschiffung von Kohle und landwirtschaftlichen Produkten. Dazu kommt das Heranwachsen des örtlichen Tourismus. Mithilfe einer Erneuerung der Innenstadt ist sie nun auch als modernes Reiseziel für Touristen bekannt. Viele gemütliche Cafés, Einkaufsläden und Restaurants schmücken das Zentrum und laden zu einem Aufenthalt ein.

Eine beliebte Sehenswürdigkeit ist die **Aerial Lift Bridge**. Sie bildet die Verbindung zwischen Duluth und der Minnesota Point genannten Halbinsel. Diese wurde notwendig, nachdem dort ein Kanal erbaut wurde, um auch größeren Frachtschiffen die Einfahrt in den Hafen zu ermöglichen. Bei Nacht wird die ehemals Schwebefähre und heutige Hubbrücke mit Lichtern beleuchtet und bietet so einen prachtvollen Anblick.

ROCHESTER

Südöstlich im Staat liegt die lebenswerte Großstadt Rochester. Sie ist das Zuhause einer der bedeutendsten Krankenhäuser der Welt, der **Mayo Clinic**, die als Reaktion auf einen aggressiven Tornado 1883 erbaut wurde. Nachdem der Sturm fast 40 Menschen das Leben kostete, ergriff William Worrell Mayo die Initiative und gründete die Klinik mithilfe von Spenden. Aufgrund dieser Geschichte benannte man Mayos ehemaliges Wohnhaus als nationales Gebäude und gestaltete es in Form eines Museums, das besucht werden kann.

Mehrere weitere Gebäude in Rochester gehören mittlerweile dem National Register of Historic Places (zu dt.: „Nationalregister historischer Orte") an. Darunter beispielsweise das **Avalon Hotel**, welches heute jedoch nicht mehr als Hotel fungiert, sondern als Büro- und Geschäftsgebäude. Auch das Chateau Theatre (fr. für „Schlosstheater") wird heutzutage nur noch als Buchladen der Kette Barnes & Nobles und als Café genutzt.

ST. CLOUD

Nordöstlich der Twin Cities liegt St. Cloud, welche durch die Serie „How I Met Your Mother" international Bekanntheit erlangte. Die Stadt wird dort jedoch kleiner und dörflicher dargestellt, als sie es tatsächlich ist. Mit mehr als 60.000 Einwohnern und zwei Hochschulen gehört sie zu einer der größten Städte des Staates.

Zu besichtigen gibt es hier das Stearn History Museum, welches die Geschichte des zentralen Minnesotas erklärt und historische Artefakte vorweist. Weiterhin gibt es hier wunderschöne und sehenswerte Parks und Gärten zum Anschauen, beispielsweise Munsinger Gardens oder auch Clemens Gardens.

Sehenswertes

St. Anthony Falls

Wenn man innerhalb der Twin Cities den Mississippi River besuchen möchte, ist man bei den St. Anthony Falls genau richtig. Der Wasserfall befindet sich nordöstlich vom Stadtzentrum Minneapolis und wird überbrückt von der Stone Arche Bridge, welche einen wunderbaren Überblick über den Fluss liefert. Zudem gibt es einige Infotafeln, die interessante Einblicke in die Entstehung und Veränderungen des Wasserfalls liefern.

Minnehaha Falls

Der Minnehaha Falls Regional Park liegt im gleichnamigen Stadtteil von Minneapolis und ist einer der ältesten und bekanntesten Parks des Staates. Neben gemütlichen Plätzen zum Picknicken und hübschen

Wanderwegen, gibt es für Besucher auch die Möglichkeit, sich auf dem Volleyballplatz zu verabreden oder den Garten zu bewundern. Kinder können sich auf einem Spielplatz oder im Planschbecken austoben.

Das Highlight des Parks ist jedoch mit Abstand der 16 Meter lange majestätische Wasserfall. Über 850.000 Besucher schauen sich jährlich das Landschaftsgebilde mit Kalksteinufern und einer Aussicht auf den Minnesota River an.

Zugänglich ist der Park in den meisten Gebieten zwischen 6 Uhr morgens und Mitternacht, in einigen Teilen allerdings nur bis 22 Uhr. Möchte man die athletischen Plätze nutzen, muss man diese vorher reservieren, genauso wenn ein größeres Treffen, für zum Beispiel eine Geburtstagsfeier, an einem der Campingplätze geplant ist.

Lake Superior
Der Lake Superior (dt.: „Oberer See"), der weltweit größte Süßwassersee, befindet sich an den Grenzen vom kanadischen Ontario und Teilen der Vereinigten Staaten, welche aus Superior in Wisconsin, Thunder Bay in Michigan und Duluth in Minnesota bestehen.

Heutzutage spielt am Lake Superior, welcher zu einem der fünf „Great Lakes" gehört, Tourismus eine große Rolle. Dafür ist unter anderem das milde Klima verantwortlich, welches den Ort alljährlich zu einem beliebten Urlaubsziel macht. Besucher können dort im Sommer zum Schwimmen gehen, Angeln, Boot fahren oder Wanderungen machen, im Winter hingegen ist Skilanglauf und Schneemobilfahren eine beliebte Aktivität.

Was den See jedoch zu einem besonders beliebten Reiseziel macht, sind die vielen Sehenswürdigkeiten drumherum. Beispielsweise befindet sich am Nordufer das Split Rock Lighthouse, welches man nach einer Wanderung durch einen hübschen State Park mit Wanderstrecken und Wasserwegen erreicht. Der Leuchtturm ist einer der meistfotografierten Orte des Staates und einer der beliebtesten Touristen Hot Spots. Zu den traumhaften Aussichten gibt es eine Menge historischer Hintergründe zu erkunden wie z.B. rund um die Geschichte der Schiffsfahrten in Duluth, das Leben der Arbeiter im Leuchtturm oder der genutzten Technologie.

Voyageurs Nationalpark

Der Voyageurs Nationalpark befindet sich im Norden des Staates, an der Grenze zu Kanada. Der Park erinnert mit seinen zahlreichen Seen und Buchten an eine paradiesische Umgebung, die einen wundervollen Ort für Ausflüge darstellt. Besonders beliebt sind Aktivitäten wie Kajak- oder Kanufahrten. Während die zugehörige Halbinsel Kabetogama im Sommer zum Wandern einlädt, haben Sie im Winter die Möglichkeit, die Umgebung mit Schneemobilen oder beim Skilanglauf zu erkunden.

Der Voyageurs Nationalpark setzt sich stark für die Erhaltung seines Wildlebens ein, da einige Tierarten, zum Beispiel Wölfe oder Weißkopfseeadler, stark vom Aussterben bedroht sind. Erhalten Sie darüber mehr Informationen im dort gelegenen Besucherzentrum oder bleiben Sie sogar für mehrere Nächte in einer der gemütlichen Hütten direkt am Ufer des Rainy Lake.

Pipestone National Monument

Das Denkmal der Pipestone Steinbrüche bewahrt das für amerikanische Ureinwohner „Heilige Tonstein", welcher seit Jahrhunderten zur Herstellung von Tonschalen und vor allem zeremonieller Pfeifen dient. Mit seiner kraftvollen und langjährigen Geschichte gilt der Boden rund um die Gedenkstätte noch immer als geistlich.

Zu finden ist der Park im Südwesten des Staates, an der Grenze zu South Dakota. Entdecken Sie die Magie der Natur, während Sie die unglaublichen Steinbrüche, wunderschönen Prärien und den majestätischen Winnewissa Wasserfall erkunden. Im Besucherzentrum wird Interessenten mit Informationsvideos und Ausstellungen außerdem ein tiefer Einblick in die Historie der Umgebung geboten und eine realistische Pfeifenschnitzerei vorgeführt.

Grand Portage National Monument

Reisen Sie in die Vergangenheit und erleben Sie die Gegenwart. Das ist das Motto hinter der nationalen Gedenkstätte, welches an die Partnerschaft des amerikanischen Ureinwohnerstammes der Ojibwe und der North West Company gemäß des Pelzhandels mit dem heutigen Kanada erinnert. Grand Portage liegt im äußersten Nordosten von Minnesota und ist umgeben von paradiesischen Szenerien, bestehend aus Hügeln, Seen und Wasserfällen, die in Flüssen münden.

Bei Ihrem Besuch haben Sie die Möglichkeit, den

Grand Portage Trail entlangzuwandern, das Dorf der Ojibwe zu besuchen, historische Geschehen genauer zu ergründen und nebenbei historische Speisen zu probieren.

North Country National Scenic Trail

Der North Country Trail, kurz N.C.T., bietet eine Auswahl an kontrastreichen Wandererlebnissen in Minnesota, angefangen vom gemütlichen Spaziergang am See in der Innenstadt von Duluth über die zerklüfteten Sägezahnberge bis hin zur sanften nord-süd-kontinentalen Kluft. Der Pfad erstreckt sich über fast 7.500 Kilometer in sieben Staaten der USA.

Der Pfad teilt sich in Minnesota in fünf verschiedene Regionen auf. Der Superior Hiking Trail gilt als moderat bis schwierig und erstreckt sich über knapp 500 Kilometer. Auf Ihrem Weg kommen Sie an zahlreichen Campinganlagen vorbei und können zahlreiche eindrucksvolle Flüsse, State Parks und Berge beobachten.

Die Border Region (dt.: „Randregion") ist unter einem schweren Schwierigkeitsgrad eingestuft und verläuft über 160 Kilometer. Für diesen Ausflug sind Vorwissen und Erfahrungen im Navigieren durch unbewohnte Gegenden unbedingt notwendig.

Bestreiten Sie jedoch diesen Weg, kommen Sie an unglaublichen Wäldern und Szenerien der Wildnis vorbei, die Sie jede Anstrengung vergessen lassen.

Einfacher dagegen ist der 240 Kilometer nordöstliche sowie der 300 Kilometer lange nördliche zentrale Pfad. Diese führen an vielen von Minnesotas bewundernswertesten Seen und Waldlandschaften vorbei und bieten teilweise Campingmöglichkeiten.

Der schließlich letzte in Minnesota liegende Teil befindet sich im Nordwesten des Staates. Über 150 Kilometer durchqueren Sie dabei einen interessanten Mix aus Prärie- und Waldlandschaft. Dieser Pfad ist genauso für Anfänger empfehlenswert wie für Fortgeschrittene und rundet die Strecke wunderbar ab.

Mississippi National Recreation Area

Dieser Park markiert einen 72-Meilen-Abschnitt des oberen Mississippi von Dayton und Ramsey bis südwestlich von Hastings über Minneapolis und Saint Paul. Er wird ausgezeichnet durch den Mississippi River, den Mississippi National River und dem dazugehörigen Freizeitgebiet. Sie können hier Wanderungen machen, Rad fahren, Kanu fahren und den prachtvollen Mississippi erkunden.

Zu den bekanntesten Attraktionen des Parks zählen das historische Gebiet um die St. Anthony Falls, einschließlich des Mill City Museums, des Guthrie Theaters, der Stone Arch Bridge und des Mill Ruins Parks. Das historische Fort Snelling, der angrenzende Fort Snelling State Park sowie die Minnehaha Falls gehören ebenfalls dazu. Es gibt hier in der Umgebung zudem zahlreiche weitere Attraktionen, Pfade und Programme um die Minneapolis-St. Paul Metropolregion.

Das ganze Jahr über finden außerdem unterschiedliche Events in der Umgebung statt und bieten Ihnen die Möglichkeit, die zauberhafte Landschaft bei Gruppenwanderungen, sozialen Veranstaltungen und Lagerfeuern zu bewundern.

St. Croix National Scenic Riverway

Schnappen Sie sich Ihr Paddel und Ihre Abenteuerlust und begeben Sie sich zu den Flüssen St. Croix und Namekagon. Zusammen bilden sie an der Grenze von Minnesota und Wisconsin den St. Croix National Scenic Riverway und bieten über 320 Kilometer sauberes Wasser, das durch eine waldreiche Landschaft gleitet und dahinstürzt.

Aktivitäten wie Fischen, Boot fahren und

Campen in dieser hübschen Wildlandschaft machen Ihren Aufenthalt perfekt. Zum Verweilen gibt es zudem ganz in der Nähe gemütliche und historische Städte, die Sie erkunden können.

Das absolute Highlight wird jedoch die tolle Flussstrecke zum Paddeln werden. Ob alleine oder in der Gruppe, die ausdrucksvollen und landschaftlichen Szenerien sowie verschiedene Strömungen mit Spaßfaktor hinterlassen definitiv eindrucksvolle Erinnerungen und laden zur Wiederholung ein.

Vergnügen

Mall of America

Wer eine Reise nach Minnesota antritt, kommt wohl oder übel nicht an der Mall of America, kurz auch MOA genannt, vorbei. Mit seinen über 500 Geschäften und Restaurants, ebenso wie einem eigenen Vergnügungspark im Zentrum, ist sie das zweitgrößte Einkaufszentrum der Vereinigten Staaten. Sie befindet sich in Bloomington, einem Vorort der Twin Cities, und ist mit dem Auto oder auch mit der Metro zu erreichen.

Besucher können sich auf vier Stockwerke mit verschiedensten Vergnügungsangeboten freuen, wobei jedes Stockwerk ein anderes Angebot bietet. Ohne Zweifel bildet das Nickelodeon Universe die Hauptattraktion des Einkaufszentrums. Dieses erreicht man über den ersten Stock, es ragt jedoch über alle Stockwerke hinaus und bietet Attraktionen für Groß und Klein. Es gibt eine Bandbreite an Geschäften für Bekleidung, Dekoration und Ähnliches, ebenso wie Restaurants, Schnellrestaurants, ein Kino, sogar einen eigenen Minigolf Platz und vieles mehr.

OUTDOOR AKTIVITÄTEN

Mit seinen vielen szenischen Landschaften eignet sich Minnesota hervorragend für Outdoor-Fans, die im Urlaub gerne mehr als nur Städtetrips veranstalten. Gelegenheiten zum Fischen, Rudern oder zum Entdecken einzigartiger Wander- und Fahrradwege gibt es hier zur Genüge.

Cannon Falls

Eine von Minnesota bekanntesten Kanurouten befindet sich in Cannon Falls, im Süden des Staates. Für Anfänger sowie erfahrene Paddler gibt es hier von Mai an ein Angebot verschiedener Routen. Zwei populäre Routen stellen beispielsweise die Cannon Falls – Welch Route über 8 Meilen (12 Kilometer) oder die Cannon Falls – Red Wing über 18 Meilen (29

Kilometer) dar. Von Mai bis Oktober werden Kanus, Kajaks, Flöße sowie Fahrräder vermietet, wobei Sie die Möglichkeit haben, ganz in der Nähe zu campen. Über die Wintermonate hingegen finden hier Skilangläufer ihren Spaß.

Praire Trail
Radsportler interessieren sich eventuell auch für den Sunrise Praire Trail. Ausgehend von den Twin Cities verläuft ein 25 Meilen (ungefähr 40 Kilometer) Radweg und endet entweder nördlich in North Branch oder südlich in Hugo. Die Landschaft setzt sich zusammen aus Wäldern, Wasserfällen und Moorgebieten, ebenso Städten wie Wyoming oder Stacy. Rehe, Truthähne und andere Wildtierarten werden von Teilnehmern der Tour auch gerne gesichtet.

Heißluftballonfahrten
Wer die Landschaft lieber von oben betrachtet, möchte vielleicht eine Heißluftballonfahrt in Betracht ziehen. Von April bis Dezember kann man an verschiedenen Startpunkten, beispielsweise dem zentralen Clarissa, in farbenfrohen Ballons die Natur zu den unterschiedlichsten Jahreszeiten bewundern.

Gerne werden auch Fahrten zum Sonnenaufgang und Sonnenuntergang angeboten, um das Erlebnis des Naturspektakels besonders beeindruckend zu gestalten.

Cragun's Resort

Eine Reihe an familienfreundlichen Aktivitäten finden Sie in Cragun's Resort. Das Resort bietet 24 Stunden am Tag verschiedene Services an, darunter fallen Vermietung von Booten, Wasserskiangebote, Angelkurse und vieles mehr. Für die, die es gerne etwas ruhiger mögen, gibt es auch einen dazugehörigen Sandstrand, an dem man sich den ganzen Tag über entspannen und abends ein Lagerfeuer veranstalten kann. Schwimmen gehen ist am Strand natürlich auch erlaubt, ansonsten gehören genauso Indoor- und Outdoor-Pools zur Anlage, ebenso wie Sportplätze, Wander- und Fahrradwege und vieles mehr. Zu finden ist das Resort in Brainerd, dies liegt im zentralen Minnesota.

Ein einzigartiges Erlebnis erfährt man auch im **Lake Shetek State Park** in Currie. Wie der Name schon sagt, beinhaltet das Parkgelände den sogenannten Lake Shetek, den größten See im Süden Minnesotas. Der Park beherbergt außerdem eine

Campinganlage mit Hütten sowie für diejenigen, die gerne unter dem freien Himmel schlafen, einen reinen Zeltplatz. Es gibt eine Menge verschiedener Aktivitäten, die Sie zu jeder Tageszeit angehen können, darunter unter anderem Angeln, Paddeln, Wandern und Fahrrad fahren.

Duluth Experience

2013 entwickelte eine Gruppe Einheimischer die Idee, Besucher von Duluth, insbesondere Touristen, die Geschichte der Stadt näherzubringen und besondere Erinnerungen zu schaffen. Bei authentischen Touren verschiedener Art, von gewöhnlichen Bus- und Sightseeing-Touren über Outdoor-Aktivitäten bis hin zu einer Tour übers Bierbrauen, bekommt hier jeder Gast ein unvergessliches Erlebnis geboten, das diesen Urlaub von anderen bedeutend unterscheiden lässt.

Um Ihnen tiefere Einblicke in die Duluth Experience zu ermöglichen, stelle ich einige Beispiele möglicher Touren vor. Diese und viele weitere finden Sie außerdem auf der Webseite zur Duluth Experience.

Curling & Brews Experience

Startend mit einem zweistündigen Kurs im Curling, bei welchem Ihnen alle wichtigen Regeln erklärt und Ihre Technik mithilfe eines Experten als Instrukteur verbessert werden, treffen Sie danach alle Steine direkt ins Haus. Anschließend erhalten Sie Einblicke hinter die Kulissen einer Brauerei, selbstverständlich inklusive Bier zum Probieren und Schmecken. Abgerundet wird das Ganze mit einem VIP Pizza Dinner, bei dem Sie das Gelernte Revue passieren lassen können.

Teilnehmer der Tour müssen aufgrund des amerikanischen Gesetzes, bezüglich des Alkoholkonsums, mindestens 21 Jahre alt sein. Insgesamt können Sie für 14 Leute buchen und dies zu einem Preis von $89 pro Person.

Dark History Tour

Die Dark History Tour ist als Wander- oder auch als Bustour erhältlich und erkundet die dunkle Geschichte der Stadt. Durchlaufen Sie Orte wie den Canal Park und die Innenstadt von Duluth und erfahren Sie von Schiffswracks, Morden, Schusskämpfen und sogar Heimsuchungen. Reich an wahren Begebenheiten, Tragödien sowie Legenden und

Geistergeschichten bekommen Sie nirgendwo anders in nur 2 Stunden so tiefe Einblicke in die Vergangenheit der Stadt für nur $29 (Bustour für $39) geboten.

Duluth History & Sightseeing Bus Tour

Nicht ganz so dunkel, aber mindestens genauso informativ und voll mit geschichtlichen Events, ist die Duluth History & Sightseeing Tour. Hier lernen Sie über die frühen einheimischen Kulturen, europäische Siedler, Pioniere und gerissene Industriekapitäne. Mit dieser familienfreundlichen Tour im gemütlichen Bus erhalten Sie eine neue Perspektive auf die Stadt und eine Menge Spaß ist garantiert.

Für Erwachsene liegt der Preis hier bei jeweils $39, während Kinder bis 10 Jahre nur $19 bezahlen. Die Tour findet jeden Freitag und Sonntag statt

Private Fat Tire Bike Adventure

Diese Fahrradtour findet ausschließlich in den Wintermonaten statt. Sie ist geeignet für Anfänger und fortgeschrittene Radler und ist eine wunderbare Möglichkeit, angeführt von erfahrenen Guides, die weltklassigen und in glitzernden Schnee bedeckten Gegenden zu erkunden. Zu einem aktiven Workout bekommen Sie in diesen drei Stunden ebenfalls eine Menge außergewöhnlicher und fotogener Szenerien geboten sowie Tipps und Tricks zum Fahrrad fahren im Winter und Informationen über die Stadt und deren Winterlandschaft.

Bringen Sie Ihr eigenes Rad mit, dann kostet die Tour, inklusive Transport hin und zurück, $69 pro Person. Für einen Aufpreis von $30 können Sie auch ein hochqualitatives Fahrrad für den Tag mieten.

Lake Superior Kajak Adventure
Anfänger und fortgeschrittene Paddler können bei der Lake Superior Kajak Adventure Tour, unter Anweisung eines Guides, den weltgrößten Süßwassersee Lake Superior erkunden. Nach der Einweisung über Wassersicherheit und Instruktionen über die Technik des Paddelns werden Sie durch eine auf Ihr Level abgestimmte Route geführt, um Ihnen die bestmögliche Erfahrung zu bieten. In den vier Stunden ist zudem eine Picknickpause inklusive.

Zu einem Preis von $79 erhalten Sie das komplette Equipment, eine Menge Spaß und zusätzliche Informationen über die kulturelle und naturbelassene Geschichte von Duluth.

Northwoods Snowshoe Adventure

In Duluth kann man zu jeder Jahreszeit etwas erleben, selbst im tiefsten Winter. Wer keine Scheu vor kalten Temperaturen und einer Menge Schnee hat, der möchte vielleicht an der Schneeschuh-Wanderung teilnehmen. Bei der Northwoods Snowshoe Adventure Tour wandern Sie durch bewaldete Pfade, Ströme im Waldgebiet und atemberaubende Hügelketten.

Für $49 (mit Schneeschuhen $59) bekommen Sie fantastische Szenerien und ein unglaubliches Wintererlebnis geboten. Eine heiße Schokolade bekommen Sie übrigens auf dem Weg auch.

Events und Feste

Independence Day

Bekannterweise ist der 4. Juli der National-feiertag der USA. Der Independence Day („Tag der Freiheit") erinnert an die Ratifizierung der Unabhängigkeitserklärung der Vereinigten Staaten durch den Kontinentalkongress am 4. Juli 1776. Landesweit wird er ausgiebig gefeiert und stellt auch für Touristen eine wahre Attraktion dar. Sie können hier frei entscheiden, wo Sie diesen Tag verbringen möchten. In jeder größeren Stadt gibt es ein Angebot an Festivitäten, Paraden und leckerem Essen. Meist endet der Tag mit einem bunten Feuerwerk. Wer sich besonders geschickt unter die Menge mischen möchte, kleidet sich in den nationalen Farben Rot, Blau und Weiß oder hängt sich einfach die amerikanische Flagge um. Die Amerikaner nehmen ihren Nationalstolz sehr ernst, es ist also an diesem Tag etwas Vorsicht geboten bei kritischen Aussagen gegenüber des Landes.

Twin City Pride Festival

Wer gerne den Christopher Street Day feiert, der freut sich auch über das Twin City Pride Festival. Das zweitägige Event beinhaltet unter anderem eine Parade, Konzerte und andere Performances, außerdem einen Rainbow Run (dt.: „Regenbogen Lauf"). Über 400.000 Besucher feiern jährlich im Juni im Loring Park in Minneapolis farbenfroh die LGBTQ-Gemeinschaft (Lesbian, Gay, Bisexual, Transgender + Community). Der Eintritt ist frei und jeder Besucher ist willkommen, auch jene, die selbst nicht zur Gemeinschaft gehören.

Minnesota State Fair

Die Minnesota State Fair findet jährlich im Spätsommer für 12 Tage in Falcon Heights bei St. Paul statt und endet am sogenannten Labor Day. Über eine Fläche von über 130 Hektar erstreckend ist sie eine der größten State Fairs des Landes. Das Event ähnelt dem eines großen Volksfestes, man bekommt Unterhaltungs- und Fahrgeschäfte geboten, ebenso Live

Acts wie Konzerte, Comedy Shows, Talentwettbewerbe und Viehshows unterschiedlichster Tierarten. Seit 150 Jahren schon lockt das „Great Minnesota Get Together" (dt.: „das große Minnesota Zusammentreffen") Jung und Alt mit großer Beliebtheit. Besonders Touristen können hier wunderbar die amerikanische Kultur genießen mit allerart frittierter Speisen und Fingerfood, aber auch internationale Gerichte können probiert werden. Wer genügend Zeit mitbringt, kann es sich auch in einem der zahlreichen Restaurants gemütlich machen.

Der übliche Eintrittspreis beträgt für alle Personen ab 13 Jahren 14 USD, für Senioren ab 65 Jahren 12 USD, ebenso wie für Kinder bis 12 Jahre. Kinder unter dem 5. Lebensjahr dürfen das Gelände umsonst betreten.

Labor Day
Der Labor Day ist in den USA der Tag der Arbeit und findet immer am ersten Montag im September statt. Er ist ein gesetzlicher Feiertag, an dem die Mehrzahl der Arbeiter frei bekommt. Seinen Ursprung hat er in der Arbeiterbewegung im 19. Jahrhundert, welche damals für einen 8-Stunden-Tag gekämpft hat. Für die meisten Amerikaner bedeutet Labor Day auch

das Ende der Sommermonate. Strände und Ausflugsziele sind oft überfüllt mit Menschen, die das letzte lange Sommerwochenende genießen möchten. Für die meisten Schüler bedeutet Labor Day wiederum das Ende der Ferien und den Beginn des neuen Schuljahres. Oftmals gibt es in den Tagen um den Labor Day in vielen Geschäften großzügige Rabatte auf Artikel aller Art, vor allem aber auf Kleidung und Schuhe, Haushaltsgegenstände und Schulartikel.

Thanksgiving

In den Vereinigten Staaten wird Thanksgiving (zu dt.: „Danksagung") jedes Jahr am vierten Donnerstag des Novembers gefeiert. Der Sinn dahinter ist ähnlich zu dem des deutschen Erntedankfestes, jedoch weichen seine Traditionen stark von denen in Europa ab. Für viele Familien ist dieser der wichtigste Feiertag des Jahres, der genutzt wird, um mit der ganzen Verwandtschaft und Freunden zusammenzukommen.

Im Mittelpunkt steht hierbei das gemeinsame Abendessen, welches traditionell aus einem großen gefüllten Truthahn besteht. Dazu gibt es eine Variation aus reichhaltigen Beilagen und Nachspeisen wie zum Beispiel verschiedene Gemüsesorten,

Kartoffelpüree, Cranberry Sauce und Pie, eine besondere Art von Kuchen.

Black Friday

Black Friday wird der Tag nach Thanksgiving genannt. Er hat seinen Ursprung in einer Finanzkrise von 1869: Eine Börsenkatastrophe, die von Finanzhaien ausgelöst wurde, die versuchten, den Goldmarkt in die Enge zu führen, jedoch scheiterten und schließlich den Markt zum Einsturz brachten.

Seit 1960 wird der Tag im Einzelhandel verwendet, um die Saison des Weihnachtsshoppings zu starten und den Profit in die Höhe zu schlagen. National und mittlerweile auch international finden Sie in jedem Geschäft Angebote wie an sonst keinem anderen Tag.

In vielen Gebieten der Staaten wird der Black Friday im Anschluss an Thanksgiving als Brückentag verwendet und gewährt so ein langes Wochenende. Das ist der Grund, weshalb viele Sparfüchse schon früh am Morgen vor den verschlossenen Einkaufsläden hausen, um die besten Rabatte und Deals zu bekommen. Trotz des scheinbar hohen Verlustes, der durch die Sales verursacht wird, macht der Einzelhandel den Großteil seines Jahresumsatzes allein an diesem einen Tag.

Super Bowl

Als Super Bowl gilt das Finale der Saison der American Football Profiliga, genannt National Football League. Obwohl dieser keinen offiziell anerkannten Feiertag darstellt, wird er in weiten Teilen des Landes trotzdem mindestens genauso wie einer gefeiert. Er ist weltweit eines der größten Einzelsportevents und erreicht in den USA regelmäßig die höchsten Einschaltquoten des Jahres.

Neben des eigentlichen Sportereignisses ist die Halbzeitpause ein weiteres großes Highlight, in welcher jedes Jahr spektakuläre Auftritte von weltberühmten Musikern geboten werden. Berühmt sind auch die einfallsreichen Werbeanzeigen, die einzig und allein für diesen Tag produziert werden. Hier kostet ein Werbeplatz von gerade einmal 30 Sekunden dem Unternehmen 5 Million USD.

Möchten Sie dieses unglaubliche Ereignis während Ihrer Minnesota Reise selbst erleben, bekommen Sie in vielen Bars und Restaurants in den Metropolregionen, aber auch in kleineren Städten und Vororten, Live-Übertragungen geboten, die ein echtes amerikanisches Feeling hervorrufen.

St. Patrick's Day

Kleeblätter, die Farbe Grün und die irische Flagge sind das, was den St. Patrick's Day auszeichnen. Obwohl dieser den irischen Nationalfeiertag verkörpert, wird er mehr in den Vereinigten Staaten zelebriert als in seiner Heimat. Mit grüner Kleidung, gefärbten Speisen und irischem Bier wird am 17. März im ganzen Land zu Ehren des Schutzpatrons St. Patrick gefeiert. Für Kinder aufgrund des meist hohen Alkoholkonsums eher ungeeignet können Erwachsene ein außergewöhnliches Nachtleben erfahren.

Auch in Minnesota gibt es an diesem Tag viele verschiedene Festivitäten und Paraden in den Großstädten, irischen Kneipen und Restaurants. Die Twin Cities bieten ein weites Angebot an Bars. Besonders beliebt sind zum Beispiel Kieran's Irish Pub in Minneapolis oder The Liffey in St. Paul. Viele öffentliche Verkehrsmittel, wie die meisten Metro Linien, kann man zudem umsonst oder vergünstigt nutzen.

Cinco de Mayo

El Cinco de Mayo (spanisch für „der 5. Mai") ist ein mexikanischer Feiertag, welcher den Sieg der mexikanischen Armee in der Schlacht bei Puebla im 19. Jahrhundert zelebriert. Obwohl dieser kein gesetzlicher Feiertag der USA ist, erlangte er über die letzten Jahrzehnte doch zunehmend an Bedeutung unter der mexikanischen Bevölkerung.

Farbenfrohe Traditionen und Bräuche können hier hautnah miterlebt und gefeiert werden. Viele große Städte feiern für Interessierte frei zugänglich und laden zu einer Kostprobe landeseigener Speisen wie Salsa, traditionellen Tänzen und Paraden ein. Eines der bekanntesten Feste findet im Westen St. Pauls statt.

Saisonale Insidertipps

WINTER

Minnesota ist bekannt für seine frostigen Winter, in denen die Temperaturen schon einmal bis -20°C runtergehen können. Wer sich von meterhohem Schnee jedoch nicht abschrecken lässt, der kann zu dieser Jahreszeit einzigartige Erfahrungen sammeln. Darunter Weihnachtsspektakel, Kunst aus Eis und vieles mehr.

Excelsior Ice Castles

Das Event der Excelsior Ice Castles (zu dt.: „Schlösser aus Eis") findet seit 2011 jährlich in bis dato sechs verschiedenen Städten Nordamerikas statt, eine davon ist Stillwater, nahe der Twin Cities gelegen. Hunderttausende von Eiszapfen werden per Hand zu phänomenalen Gebilden wie Schlösser, Statuen oder Höhlen zusammengebildet und mit Lichtern szenisch beleuchtet. Die ganze Familie kann zusammen Pfade entlanglaufen, Gebäude aus Eis betreten und Geheimgänge und Tunnel entdecken.

Winter Carnival

Seit über 100 Jahren schon findet in St. Paul der Winter Carnival statt. Es dient der Zeugung von Zusammenhalt und Zugehörigkeit der Bewohner und der Aufklärung über die Geschichte der Twin Cities mithilfe von belehrenden und unterhaltsamen Events. Meist findet das Fest am Anfang des neuen Jahres statt und bietet viele verschiedene Angebote an unterschiedlichen Locations für die Besucher.

Eine davon ist der Vulcan Snow Park. Dort wird alles Mögliche aus Schnee erstellt, darunter auch Rutschen oder ein Labyrinth. Außerdem gibt es einen Wettbewerb für Eisskulpturen und vieles mehr.

Ebenso wird jedes Jahr ein riesiger Palast aus Eis gebaut. Mit bunten Lichtern beleuchtet ist dieser ein großes Schauspiel fürs Auge und in manchen Jahren sogar zum Durchlaufen geöffnet.

Der Rice Park formt das Zentrum des Carnivals. Zahlreiche Aktivitäten werden hier meist kostenlos für Groß und Klein angeboten. Darunter verschiedene Events für Kinder, Partys am Abend, ein Garten aus Eisskulpturen oder Paraden.

FRÜHJAHR UND SOMMER

Trotz der eisig kalten Wintermonate kommen Sommerurlauber definitiv auch auf ihre Kosten. Zahlreiche Wanderwege und Fahrradtouren können überall im Staat erkundet werden. Da es teilweise bis April noch zu vereinzelten Schneefällen kommen kann, empfiehlt es sich, den Urlaub zwischen Mai und September einzuplanen.

Touren
Minnesota eignet sich hervorragend für gemütliche Wanderungen und Fahrradtouren durch dessen zahlreiche Wälder, Seelandschaften und Parks. Einige Tipps hierfür wurden Ihnen bereits vorgestellt, zudem gibt es noch viele weitere Pfade, die sich auch für eine größere Tour über mehrere Tage eignen.

Der fast 200 Kilometer lange **Mesabi Trail** im Norden Minnesotas führt Sie durch außergewöhnliche landschaftliche Szenerien von Ausgrabungen und menschengemachten Hügeln und Bergen. Diese Strecke ist perfekt für erfahrene Radler, die keine Angst vor Berganstiegen haben. Der Weg startet am Grand Rapids und führt nordöstlich durch Colleraine, Keewatin, Mountain Iron und weitere sogenannte Iron Range Städte.

Für Familien mit Kindern eignet sich die Route im **Sakatah Lake State Park** besonders. Die einfache, aber nicht weniger beeindruckende, 3-Tages Tour plant für jeden Tag knapp 25 - 30 Meilen, also zwischen 40 und 50 Kilometern, ein und lässt genügend Raum, um die Stadt zu entdecken oder um an Campingplätzen zu entspannen.

Eine weltklasse Abenteuerroute für Fahrradtouren finden Sie in der **Cuyuna Country State Recreation Area**, die, nach einer langen Geschichte von industriellem Bergbau und der Gewinnung von Eisenerz, nun eine marsähnliche Berglandschaft mit zahlreichen Routen für Anfänger und erfahrene Radfahrer bietet.

Ziplining

Jedes Jahr ab Mai eröffnet die **Brainerd Zipline Tour** und lädt zu einem fantastischen Outdoor Abenteuer in Nisswa, im nördlichen Zentrum Minnesotas, ein. Sie können wählen zwischen zwei verschiedenen Touren. Eine davon ist der „Drop Free Fall", bei welcher Sie zweimal einen freien Fall von 15 Metern in die Tiefe springen. Das zweite Angebot besteht aus 7 anhängenden Zipline Verbindungen, die Ihnen umwerfende Ausblicke auf die Brainerd Seen und den umgebenen Wäldern ermöglichen. Wahlweise können Sie diese Tour auch mit dem freien Fall beenden.

HERBST

Selbst im Herbst kann Minnesota noch mit farbenfrohen Naturerzeugnissen und gruseligen Halloween Veranstaltungen überzeugen. Temperaturmäßig können Sie Höhen und Tiefen erwarten, da es im September, vor allem im Süden des Staates, noch angenehm warm ist, im Oktober aber schon teilweise der erste Schnee erwartet wird.

Harvest Festival

Mit dem Verfärben der Blätter, den kürzeren Tagen und den kälteren Temperaturen gilt der Herbst bei einigen nun als Ende des Sommers. Jedoch gibt es auch zu dieser Jahreszeit eine Menge spaßiger Aktivitäten für Groß und Klein, darunter Erntefeste, die in den USA oft für gemeinsame Unternehmungen und soziale Events genutzt werden.

Ganz oben auf der Liste sehenswürdiger Herbstveranstaltungen ist das **Twin Cities Harvest Festival** im Brooklyn Park. Das Fest hat jedes Jahr ein Thema und bedeutet eine Menge Spaß. Neben dem größten Maislabyrinth in Minnesota gibt es ebenfalls einen Streichelzoo, Heufahrten, Ponyreiten und vieles mehr, das man sich nicht entgehen lassen sollte.

Ganz in der Nähe in Minneapolis findet das **Autumn Daze** statt, eine Art Jahrmarkt, der von der St. Helena Catholic Church veranstaltet wird. Typische Jahrmarktspiele, viele verschiedene Angebote an Essen und Getränken, Fahrgeschäfte und sogar Feuerwerke laden am Anfang des Herbsts zum Feiern ein.

Auch Duluth zelebriert die Erntezeit angemessen mit einem der größten Bauernmärkte des Nordwestens, dem **Lake Superior Harvest Festival**. Seit über 25 Jahren veranstaltet die Lake Superior Sustainable Farming Association das Festival inklusive Musik und Live Konzerten, einem weiten Angebot an heißen Speisen und Kunsthandwerken. Angeboten werden zudem Aktivitäten für die ganze Familie wie Drachensteigen und informativen Exhibitionen über Nachhaltigkeit und das Fest.

Halloween

Im Oktober hat Minnesota, was Halloween angeht, einiges zu bieten. Egal, ob im Norden, im Zentrum oder auch im Süden, überall finden Sie Spukhäuser, schreckhafte Labyrinthe, Geistertouren und vieles mehr.

Wer schon einmal bei einem Escape Spiel teilgenommen hat, der kennt den Nervenkitzel hinter den spannenden Schreckensgeschichten, in die man hineinversetzt wird, während man versucht, knifflige Rätsel zu lösen, um zu entkommen. **Escape MSP** in Minneapolis hat die Auswahl aus zwei verschiedenen Missionen, die Sie als Gruppe von vier bis zehn Spielern gemeinsam angehen können, damit Sie in die richtige Gruselstimmung für Halloween geraten.

Furchterregend wird es auch bei den **Real Haunted Tours** des Mounds Theatre in St. Paul. Dieses hat eine lange Geschichte als anerkannte Gruselkulisse, in der schon einige Folgen zu paranormalen TV-Serien gedreht wurden. Zu Halloween werden verschiedene Touren durch das Theater angeboten, welche für jeden Geisterjäger ein absolutes Muss darstellen. Kinder dürfen selbstverständlich auch teilnehmen, hier wird jedoch eine Tour vor Sonnenuntergang empfohlen, um das Event für diese etwas weniger angsteinflößend zu gestalten.

Für ein etwas ruhigeres Event mit weniger Gruselfaktor bietet **Sekapp Orchard**, nahe der Innenstadt Rochesters, die optimale Zwischenlösung. Auf der Farm wird während der Haupterntesaison ein Labyrinth im Kornfeld aufgebaut, für die Kleinen gibt es ein weiteres aus Heuballen. Zudem gibt es ein

Angebot an Kürbissen, von denen Sie sich einen aussuchen können, um ihn mit nach Hause zu nehmen. Eine Menge Spaß bringen auch die Fahrten auf den Wagen und das gemeinsame Äpfelpflücken.

Ein absolutes „Must See" an Halloween in Minnesota ist die Stadt **Anoka**, welche nördlich der Metropolregion Twin Cities zu finden ist. Sie wird auch Halloween Capitol of the World genannt. Hier soll die erste Halloween Zelebrierung der Staaten stattgefunden haben und seither lockt das große Fest Besucher des ganzen Mittelwestens an. Geprägt von Kostümen, Dekorationen, Paraden und Tanzveranstaltungen zeigt die Stadt jedes Jahr zu dieser Zeit eine andere Seite von sich mit Garantie auf Spaß und einem unvergesslichen Fest.

Schlusswort

Kaum ein anderer Staat zeigt so viele verschiedene Facetten wie Minnesota. Beeindruckende Landschaftsszenerien und moderne, einflussreiche Metropolen zeichnen den Staat aus, der sich das ganze Jahr lang von seiner besten Seite zeigt. Neben zahlreichen Festen, nationalen Feiertagen und staatseigenen Zelebrierungen werden Urlauber hier ohne Probleme in die Welt des typischen Amerikaners mit aufgenommen.

Ich hoffe, ich konnte Ihnen mithilfe dieses Ratgebers die Besonderheiten des Landes, aber auch insbesondere des Staates, näherbringen und habe in

Ihnen die Lust geweckt, Ihren nächsten Urlaub in Minnesota zu verbringen, damit Sie sich selbst von seiner Einzigartigkeit überzeugen lassen können.

Packliste

Geld & Finanzen

O (evtl.) Auslandswährung
O Bargeld
O Bauchtasche
O Brustbeutel
O Bauchtasche
O EC-Karte
O Kreditkarte
O Notfall-Telefonnummern der Banken
O Portmonee

Hygiene

O Haarbürste / Kamm
O Deo (klein)
O Shampoo
O Kulturtasche
O Sonnencreme
O Taschentücher

O Reise-Zahnbürste und Zahnpasta
O Verhütungsmittel

Kleidung

O Badeklamotten
O Gürtel
O Hosen kurz / lang
O Mütze / Cap / Hut
O Pullover
O Regenjacke
O Schlafanzug
O Socken
O Sonnenbrille
O Sportklamotten / Jogginghose
O T-Shirts
O Unterwäsche

Medikamente

O Blasenpflaster
O Anti-Durchfalltabletten
O Erste-Hilfe-Set

O Fiebertabletten
O Fiebertabletten
O Mückenschutz
O sonstige Medikamente
O Pflaster
O Kopfschmerztabletten

Unterlagen & Papiere

O ADAC Unterlagen
O Adresslisten für Postkarten
O Krankversicherungsnachweis
O Stadtplan
O Führerschein
O Unterlagen für die Unterkunft
O Wasserdichte Hülle für Reiseunterlagen
O Impfausweis
O Mietwagenunterlagen
O Personalausweis
O Reisepass
O Reisetagebuch
O evtl. Studentenausweis

O evtl. Visum
O Zug- / Bahn- / Flugticket

Taschen & Rucksäcke

O Koffer / Trolley / Reisetasche
O Regenhülle für Rucksack
O Rucksack

Schuhe

O Badeschlappen / Hausschuhe
O Schuhe und Wechselschuhe

Sonstiges

O Brille / Kontaktlinsen und Etui
O Buch zum Lesen
O Ohrenstöpsel und Schlafmaske
O Regenschirm
O Reisedecke
O Wasserflasche
O Wörterbuch

Elektronik

O Digitalkamera
O Handy
O Ladekabel
O Kopfhörer
O evtl. Steckdosenadapter
O Power-Bank

Herstellung und Verlag:
BoD – Books on Demand, Norderstedt
ISBN: 9783750459823

© Laura Steigelmann 2020
1. Auflage
Kontakt: Psiana eCom UG/ Berumer Str. 44/ 26844 Jemgum
Covergestaltung: Fenna Larsson
Coverfoto: depositphotos.com

FSC
www.fsc.org

MIX

Papier aus ver-
antwortungsvollen
Quellen
Paper from
responsible sources

FSC® C105338